Friederike Wilhelmi

WAS IST WAHR?!

MACHEN KATZEN KATZENWÄSCHE?

Illustrationen von Rolf Vogt

arsEdition

Bibliografische Information Der Deutschen Bibliothek

Die Deutsche Bibliothek verzeichnet diese Publikation in der Deutschen Nationalbibliografie; detaillierte bibliografische Daten sind im Internet über http://dnb.ddb.de abrufbar.

5 4 3 2 1 09 08 07 06

ISBN-13: 978-3-7607-4893-1
ISBN-10: 3-7607-4893-7

www.arsedition.de

Inhalt

Woher kommt der Ausdruck »blaumachen«?

a) Wer blaumacht, schwänzt die Schule. Manch einer erlebt dabei spannendere Dinge als im Klassenzimmer. Allerdings hat der Ausdruck einen weniger erfreulichen Ursprung: Schulschwänzer wurden früher nämlich so stark verprügelt, bis sie mit blauen Flecken geradezu übersät waren.

b) Die Färber im Mittelalter mussten ihre Stoffe an die Luft hängen, wenn sie diese blau färben wollten, denn nur durch eine chemische Reaktion des Färbemittels mit der Luft erlangten sie die gewünschte Blaufärbung. Das brauchte Zeit und die Wartezeit nannten sie »blau machen«.

c) »Blaumachen« und »blau sein« haben dieselbe Wurzel. Früher schwänzten die Fabrikarbeiter nämlich häufig ihre Arbeit und versoffen den letzten Lohn. Nicht selten kamen sie völlig »blau«, also betrunken, nach Hause. Heute reicht zum Blaumachen das Schuleschwänzen. Besaufen müssen sich die Schüler nicht – zum Glück!

Richtig ist Antwort b)

Wer »blaumacht«, sollte sich besser nicht erwischen lassen. Blaumachen ist nämlich ein anderer Ausdruck für »Schule schwänzen«. Doch was hat nun ein kleiner Ausflug, fern von den büffelnden Mitschülern und den nervigen Lehrern, mit der Farbe Blau zu tun?

Der Ausdruck kommt aus dem Mittelalter. In der Färberzunft wurden Stoffe mit natürlichen Farben gefärbt. Für jede Farbe musste man aus verschiedenen Zutaten unterschiedliche Mixturen zusammenstellen. Wenn die Färber einen Stoff blau färben wollten, wurde er in der eigens dafür hergestellten Tinktur zunächst einmal rot. Erst nachdem der Stoff eine Weile in der Luft hing, verwandelten sich die Farbpigmente in das gewünschte Blau. Das hat etwas mit der chemischen Reaktion der Farbstoffe in der Luft zu tun.

Die Färber hängten ihre Stoffe also nach dem Färben an die Luft und machten eine Pause. Sie machten »blau«, wie es so schön hieß. Tja, und das macht ihnen so mancher Schüler heute noch nach, nur dass dabei selten ein blauer Stoff herauskommt.

Haben Adelige blaues Blut?

a) Wer sich wenig bewegt, hat eher dunkles Blut, und wer noch dazu sehr blass ist, dem schimmern die Adern blau durch die Haut. Und da die Adeligen sich früher kaum bewegt haben und ihre blasse Haut nie der Sonne aussetzten, glaubte man, dass in ihren Adern blaues Blut fließe.

b) Adelige Menschen sind tatsächlich eine eigene Rasse mit einer anderen Blutzusammensetzung als andere Menschen. Daher wird man auch als Adeliger geboren und kann es nicht im Laufe eines Lebens werden. Durch ihr anderes Blut wirken Adelige seit jeher sehr edel, aber auch kalt und unnahbar.

c) Adelige werden als ganz normale Menschen mit rotem Blut geboren. Bei ihrer Taufe wird ihnen jedoch eine blaue Tinktur gespritzt, die alle majestätischen Fertigkeiten beinhaltet. Das Rezept kennt natürlich nur das jeweilige Familienoberhaupt. Noch nie haben es nicht adelige Menschen herausfinden können, obwohl schon viele Kriege wegen dieser Tinktur geführt wurden.

Richtig ist Antwort a)

Durch die Adern von adeligen Menschen soll angeblich blaues Blut fließen. Wie aber soll das gehen? Funktioniert der Körper eines Adeligen etwa anders als der anderer Menschen? Natürlich nicht. Trotzdem gibt es diesen Ausdruck!

Das Blut eines Erwachsenen sieht nicht immer gleich aus. Wird viel Sauerstoff transportiert, zum Beispiel bei bewegungsfreudigen Menschen, ist das Blut hellrot, bei wenig Sauerstoff eher dunkelrot. Aber blau ist es nie, nicht einmal bei Adeligen. Woher aber kommt dann die Bezeichnung?

Vor allem bei hellhäutigen Menschen schimmern die Adern bläulich. Und da die Mitglieder der königlichen Familie sich selten draußen aufhielten, war ihre Haut meist äußerst hell, was damals übrigens als vornehm galt. Hinzu kam, dass Adelige früher keinen Sport trieben und sich generell wenig bewegten. Ihr Blut war also sehr sauerstoffarm, demnach dunkel. So schimmerte ihr Blut erst recht bläulich durch die Haut.

Was ist ein »blinder Passagier«?

a) Der Ausdruck »blind« wurde früher auch für Dinge verwendet, die unsichtbar waren. Daher wird jemand, der sich aus Geldmangel oder Abenteuerlust heimlich auf ein Schiff schleicht und sich versteckt, um kostenlos ans Ziel zu gelangen, »blinder Passagier« genannt. Schließlich blieb er im Glücksfall unsichtbar.

b) Ein »blinder Passagier« ist ein Passagier, der blind ist, ganz einfach. Ob Zug, Schiff oder Flugzeug – Passagiere, die nichts sehen können, werden ohne Zusatzkosten vom Personal besonders betreut.

c) »Blinde Passagiere« sind Menschen, die sich heimlich ohne Ticket auf ein Schiff geschlichen haben. Der Ausdruck hat einen äußerst makabren Hintergrund: Im Mittelalter war es Brauch, einem eingeschlichenen Passagier aus Rache ein Auge auszustechen, sobald er entdeckt wurde. Daher gab es damals übrigens so viele einäugige Seeleute.

Richtig ist Antwort a)

Ein »blinder Passagier« ist nicht etwa ein Schiffsreisender, der nichts sehen kann, sondern vielmehr einer, der sich heimlich ohne Ticket an Bord geschlichen hat, um kostenlos ans Ziel zu kommen.

Diese ungebetenen Mitfahrer werden blind genannt, weil sie unsichtbar sind. Schließlich können sie nur mitfahren, wenn sie ungesehen ein gutes Versteck erreichen, in dem sie während der Überfahrt verharren können.

Früher bedeutete »blind« auch »unsichtbar«. Neben dem »blinden Passagier« gibt es nur noch wenige gebräuchliche Ausdrücke, in denen wir diese alte Bedeutung beibehalten haben: die »blinde Naht« zum Beispiel. Das ist eine Naht an einem Kleidungsstück, die vom Stoff verdeckt wird und daher unsichtbar bleibt.

Wird der blinde Passagier übrigens entdeckt, bekommt er mächtig Ärger. Oft muss er wieder in seinen Heimathafen zurück.

Ernährt sich das Eichhörnchen mühsam?

a) Eichhörnchen fressen viele Nüsse – und die müssen für den Winter versteckt werden. Um möglichst viele Nüsse auf einmal zu transportieren, stapelt ein Eichhörnchen mit einer komplizierten Technik mindestens fünf Nüsse auf dem Rücken. Doch es kommen höchstens zwei an, weil es den Rest verliert ...

b) Die Samen, die Eichhörnchen gerne fressen, sind so fest hinter den Schuppen der Fichtenzapfen verborgen, dass die Tiere sehr lange daran knabbern müssen. Außerdem finden sie häufig ihre Wintervorräte nicht wieder. Daher also werden Menschen, die viel, aber erfolglos arbeiten, mit Eichhörnchen verglichen.

c) Die Redensart kommt aus einer Oper von Monteverdi. Dort wird der Prinz von der Zauberin in ein Eichhörnchen verwandelt. Das Futter stellt sie hinter ein Gitter, welches das Tier erst kaputtnagen muss. Währenddessen singt die böse Zauberin: »Mühsam ernährt sich das Eichhörnchen.«

Richtig ist Antwort b)

Im Sommer gehts dem Eichhörnchen noch blendend, denn da gibt es alles im Überfluss: Nüsse, Beeren ... Doch im Spätherbst ändert sich das schlagartig. Jetzt besteht die Hauptnahrung nur noch aus Samen. Um satt zu werden, braucht so ein Eichhörnchen am Tag die Samen von etwa 190 Fichtenzapfen. Und die liegen gut versteckt unter einzelnen Schuppen, die schwer zu entfernen sind. Das Eichhörnchen ist ungefähr neun-einhalb Stunden pro Tag allein damit beschäftigt, satt zu werden. Zusätzlich muss es im Herbst dann auch noch Samen und Nüsse für den Winter sammeln und sein Nest bauen bzw. reparieren. Im Winter geht es weiter: Kaum hat das Tier es sich ein paar Tage gemütlich gemacht, muss es schon wieder raus, um sich von seinen Vorräten zu ernähren. Und oft sind die dann so zugeschneit, dass es sie nicht wieder findet.

So passt also der Ausdruck »Mühsam ernährt sich das Eichhörnchen« bei jemanden, der sich abrackert, aber nicht sonderlich erfolgreich dabei ist.

Was schreiben wir uns »hinter die Ohren«?

a) In Russland war es Brauch, die Menschen mit einem Ohrring zu kennzeichnen. Darin waren alle wichtigen Informationen über die Person enthalten. An die Stelle dieses Ohrrings trat später der Personalausweis. Die Redensart »Schreib dir das hinter die Ohren!« bedeutet also: Trag deinen Personalausweis immer bei dir.

b) Als es noch kein Papier gab, schrieb man sich schnelle Botschaften auf den Körper – und die geheimen hinter die Ohren, denn dort blieben sie vor Fremden verborgen. Wer heute sagt: »Schreib dir das hinter die Ohren!«, bittet darum, ein anvertrautes Geheimnis nicht zu verraten.

c) »Schreib dir das hinter die Ohren!«, sagen Eltern, wenn sie ihren Kindern eine Regel beibringen wollen. Diese Redensart stammt aus Zeiten, als Knaben Ohrfeigen erhielten, damit sie sich Dinge besonders merkten. Bei diesen Dingen handelte es sich allerdings nicht um Regeln, sondern um gesetzliche Vorgaben und die Knaben dienten als Zeugen, falls es mal zu Streitigkeiten kommen sollte.

Richtig ist Antwort c)

»Schreib dir das hinter die Ohren!« – ein beliebter Satz von genervten Eltern, die damit ihren Kindern eine Regel einbläuen wollen. Natürlich meinen die Erwachsenen damit nicht wirklich, dass sich das Kind mit einem Stift das Geforderte hinter seine Ohren kritzeln soll – das würde ja auch nichts nützen, weil es das gar nicht lesen könnte.

Die Redensart hat einen recht makabren Ursprung: Und zwar beruht sie auf einem Rechtsbrauch aus dem 17. Jahrhundert. Bei Grenzfestlegungen gab es damals so genannte »testes per aures tracti«. Das ist lateinisch und heißt übersetzt: »an den Ohren gezogene Zeugen«. Bei den Zeugen handelte es sich meistens um Knaben. Sie wurden nicht nur an den Ohren gezogen, sondern bei den meisten Grenzsteinfestlegungen auch geohrfeigt. Diese schmerzhafte Vorgehensweise sollte dafür sorgen, dass sich der Knabe bis ins hohe Alter an die einzelnen Grenzsteine erinnern konnte.

Warum sagt man: »Da tanzt der Bär«?

a) Eisbären tanzen tatsächlich! Die Männchen versammeln sich im Frühjahr auf einer Eisscholle und bringen sie mit ihren Tanzbewegungen mächtig ins Schwanken. Wer sich am kühnsten und auffälligsten bewegt, wird von den Weibchen zum Herdenführer gekürt. Daher wird die Redensart zumeist bei besonders charmanten Männern verwendet.

b) Wo der Bär tanzt, da ist mächtig was los, so will es die Redensart. In Wirklichkeit ist es aber eine traurige Angelegenheit, wenn ein echter Bär tanzt. Das macht er nämlich nur, wenn er in Gefangenschaft zum Tanzen gezwungen wird, um Geld einzutreiben.

c) Bären können gar nicht tanzen, dazu sind sie viel zu schwer. Die Redensart kommt daher, weil Fred Sinclase, ein amerikanischer Tanzstar und wilder Partygänger, aufgrund seiner Statur »Tanzbär« genannt wurde. Und wo er tanzte, war tatsächlich immer was los.

Richtig ist Antwort b)

Wenn auf einem Fest »der Bär tanzt«, heißt das, dass es sich um ein tolles Fest handelt, auf dem richtig was los ist.

In der Natur dagegen wurde noch nie ein tanzender Bär beobachtet. Dennoch gibt es sie, allerdings nur in Gefangenschaft. In einigen Ländern bringen heute noch tanzende Bären ihren Besitzern einiges Geld ein, wenn sie auf Jahrmärkten tanzen. Eines ist sicher: Diese Tanzbären haben kein schönes Leben hinter sich und wohl auch keines in Aussicht. Denn sie tanzen nicht freiwillig, ganz im Gegenteil: Damit sich ein Bär zur Musik bewegt, wird er bereits im Babyalter furchtbar gequält, indem er mit den bloßen Tatzen auf ein heißes Blech gestellt wird. Natürlich hebt der Bär dann panisch eine Tatze nach der anderen. Dazu spielt der Bärenhalter Musik. Diese Foltermethode wird so oft wiederholt, bis der Bär tanzt, sobald er Musik hört.

Wer also irgendwo mal einen Bären tanzen sieht, kann sicher sein, dass diese Vorführung eher ein trauriges Ereignis ist und nichts, aber auch wirklich überhaupt nichts mit einer tollen Party zu tun hat, auf der richtig gute Stimmung herrscht.

Was ist eine A-Karte?

a) »A« ist der erste Buchstabe im Alphabet. Wenn also jemand die »A-Karte« gezogen hat, heißt das, dass derjenige als Erster drankommt, ähnlich wie der Start mit einer 6 in dem Spiel »Mensch ärgere dich nicht«. Dabei ist es egal, ob es sich um eine Wette, ein Spiel oder sonst ein Ereignis handelt, bei dem es eine Reihenfolge gibt.

b) Das »A« in diesem Zusammenhang war ursprünglich gar kein Buchstabe, sondern ein Zeichen aus der chinesischen Schriftsprache. Da steht es für »Angst«. Sagt man also jemandem, er hätte die »A-Karte« gezogen, meint man, er sei ein Angsthase.

c) Der Buchstabe »A« steht in dem Fall für »Arsch«. Und wenn jemand die »A-Karte« gezogen hat, heißt das, dass er Pech hatte. Der Ausdruck kommt aus der Welt des Fußballs. Der Schiedsrichter hat früher nämlich die rote Karte aus seiner Gesäßtasche gezogen.

Richtig ist Antwort c)

Wenn jemand sagt, er hätte die »A-Karte« gezogen, will er damit sagen, dass er in einer bestimmten Situation entweder die falsche Entscheidung getroffen hat, ungerecht behandelt wurde oder eben einfach nur Pech hatte.

Das »A« steht in dem Fall übrigens für »Arsch«. Und die »Arschkarte« ist die Karte, die früher beim Fußballschiedsrichter hinten in der Hosentasche steckte. Als nämlich 1970 beim Fußball die rote und die gelbe Karte eingeführt wurden, haben sich die Schiedsrichter die gelben Karten in die Brusttasche und die roten in die Gesäßtasche gesteckt, damit sie im Eifer des Gefechts schnell die richtige Karte ziehen konnten. Dieser Trick hatte noch einen großen Vorteil: Damals gab es nämlich noch viele Haushalte mit Schwarz-Weiß-Fernsehern. Die Zuschauer zu Hause konnten also nicht erkennen, ob der Schiedsrichter gerade eine rote oder eine gelbe Karte hochhielt. Eine Unterscheidung war nur möglich, weil der Schiedsrichter die Karten aus verschiedenen Taschen zog. Und wenn es die »Arschkarte« war, tja, dann hieß es runter vom Platz!

Woher kommt der Begriff »Dritte Welt«?

a) Die Welt wurde von einigen Politikern in drei Teile geteilt: In der »Ersten Welt« ist jeder seines eigenen Glückes Schmied, in der »Zweiten Welt« bestimmt der Staat über alles und in der »Dritten Welt« herrschen vielerorts Armut und Hungersnot.

b) Es heißt, dass die Erde durch einen Urknall in drei Etappen entstand. Zuerst entwickelte sich der Teil der Erde, der heute zu Afrika zählt, danach kamen Europa und Australien und beim dritten Knall entstand der Rest. Asien und Amerika gehören also zur »Dritten Welt«.

c) Als »Dritte Welt« wird das Leben auf Raumstationen im All bezeichnet. Denn dort leben Menschen im vollkommenen Nichts und sind doch eingerichtet wie kleine Haushalte auf der Erde. Die »Erste Welt« ist das Leben auf dem Erdboden, die »Zweite Welt« ist die Unterwasserwelt.

Richtig ist Antwort a)

Politiker aus vielen Teilen der Welt haben einmal bei einem Treffen die gesamte Weltbevölkerung in drei »Klassen« eingeteilt.

Die so genannte »Erste Welt« besteht aus Ländern, die hauptsächlich marktwirtschaftlich orientiert sind (Kapitalismus), das heißt, jeder Einzelne kann bestimmen, was und wie viel er arbeitet. Das Geld, das er verdient, gehört dann allein ihm und seiner Familie. Zu diesen Ländern gehören z. B. die USA, Japan und Deutschland.

Die so genannte »Zweite Welt« setzt sich aus Ländern zusammen, deren Wirtschaft überwiegend zentral geplant wird (Kommunismus), das heißt, hier ist es der Staat, der über den Verdienst jedes Einzelnen bestimmt. Hierzu gehören z. B. Russland und Kuba.

Die so genannte »Dritte Welt« umfasst die armen Länder, die wirtschaftlich unterentwickelt und politisch sehr schwach sind. Diese 130 Entwicklungsländer umfassen zwar mit über vier Milliarden Einwohnern etwa 76 Prozent der Erdbevölkerung, verfügen aber nur über 30 Prozent des Welteinkommens. Aus diesen Zahlen wird deutlich, wie wenig jeder Einzelne zur Verfügung hat und dass Hilfe aus reicheren Ländern bitter nötig ist.

Was bedeutet es, wenn jemandem etwas »durch die Lappen geht«?

a) »Durch die Lappen gehen« heißt »entwischen«, »abhauen«. Früher hielten die Jäger nämlich ihr Wild im Zaum, indem sie das Jagdrevier mit bunten Stofffetzen (Lappen) absteckten. Davor schreckten die Tiere zurück. Wenn aber doch mal eins entwischte, war es den Jägern sozusagen »durch die Lappen gegangen«.

b) Wenn jemand »durch die Lappen geht«, heißt das, dass derjenige schlicht und ergreifend immer ungewaschen herumläuft. Denn er kommt nie mit einem Waschlappen, geschweige denn mit Wasser in Berührung.

c) »Lappen« heißen auch die großen Stoffbahnen aus Nähfabriken. Die Redensart »durch die Lappen gehen« ist entstanden, weil es im 19. Jahrhundert als schick galt, sich mit Stoffresten zu umwickeln wie die alten Römer. Wer also »durch die Lappen ging«, galt als besonders reich und modern.

Richtig ist Antwort a)

Wenn jemandem etwas »durch die Lappen geht«, entwischt es ihm. Ein Beispiel: Du siehst ein super Angebot in einem Schaufenster, kannst dich aber erst Tage später für den Kauf entscheiden. Doch dann ist es bereits weg – es ist dir also »durch die Lappen gegangen«.

Doch was haben Lappen mit einer solchen Enttäuschung zu tun? Ganz einfach: Die Redensart stammt aus der Jägersprache. Damit das wertvolle Wild nicht aus dem Jagdrevier abhaute, wurden früher bunte Stofffetzen (Lappen) zwischen die Bäume gehängt. Die Tiere scheuten davor zurück. Ganz mutige oder wütende Tiere schafften es dann doch hin und wieder, die Absperrung zu durchbrechen und den Jägern »durch die Lappen zu gehen«, also zu entwischen. Seit dem 18. Jahrhundert verwendet man diese Redewendung auch für Menschen.

Warum heißt Europa Europa?

a) Europa kommt von dem lateinischen Ausdruck »Euro pi wa tri«. Das heißt auf Deutsch »Menschen mit weißer Haut«. Daraus wurde im Laufe der Jahrhunderte die Abkürzung »Europa«.

b) Die Namen aller Kontinente sind in der Bibel genannt. Gott führte aus Zorn über den Turmbau zu Babel die verschiedenen Sprachen ein. Die Kontinente erhielten damals einfach die Namen ihrer Herrscher und in Europa herrschte zu diesem Zeitpunkt Kaiserin Europa die Dritte.

c) Der Name hat seinen Ursprung in der griechischen Mythologie. Dort wird erzählt, dass der griechische Gott Zeus sich in eine Königstochter namens Europa verliebt hatte. Er holte sie zu sich in sein Land (Kreta, das heute zu Griechenland gehört), und seine Liebe zu ihr war so groß, dass er gleich den ganzen Kontinent nach ihr benannte.

Richtig ist Antwort c)

Laut einer griechischen Sage hatte vor etwa 3000 Jahren ein asiatischer König eine wunderschöne Tochter namens Europa. Zeus, der Herrscher der Götter, hörte von ihrer Schönheit und verliebte sich Hals über Kopf in sie, obwohl er sie noch nie gesehen hatte.

Zeus war sich sicher, dass er in Gestalt eines Tieres schneller mit ihr bekannt werden würde. Wild entschlossen verwandelte er sich also in einen Stier und machte sich auf den Weg nach Asien, um die Schöne zu sich zu holen.

Europa machte gerade einen Strandspaziergang, als ihr der Stier begegnete, und es war für sie das schönste Tier, das sie jemals gesehen hatte. Der Legende nach setzte sie sich ohne zu zögern auf seinen Rücken und rief aus: »Das wissen die Götter, wo du mich nun hinbringen wirst, mein schöner Stier.«

Das ließ sich Zeus nicht zweimal sagen und eilte mit ihr zurück in seine Heimat. Auf der Reise verwandelte er sich wieder zurück in seine Menschengestalt. Als sie angekommen waren, sagte Zeus: »Das ist die Insel Kreta und ich bin König dieses Landes. Der Erdteil, der dich nun aufgenommen hat, soll für alle Zeiten deinen Namen tragen: Europa.«

Machen Katzen Katzenwäsche?

a) Menschen, die »Katzenwäsche« machen, gelten als dreckig. Dabei sind Katzen äußerst saubere Tiere. Wahrscheinlich kommt die Redensart daher, dass Katzen kein Wasser mögen. Sie putzen sich mit den Pfoten, der Zunge und mit Spucke. Und da die Menschen zur Reinigung immer Wasser benötigen, gelten wasserscheue Wesen als unsauber.

b) Der Ausdruck »Katzenwäsche« kommt aus Afrika, wo noch wilde Katzen leben. Sie reinigen sich nie, ganz im Gegenteil: Sie sorgen durch Schlammbäder dafür, dass die Dreckschicht an ihrem Körper immer dicker wird. Denn der Dreck dient zum Schutz vor tödlichen Viren, die bekanntlich Dreck hassen.

c) Katzenwäsche bedeutet ganz einfach, sich so zu waschen, wie Katzen es tun. Und zwar sich zu lecken und die Dreck- und Fettschicht aus den Haaren zu streichen. Menschenbabys tun das noch instinktiv, doch da es in unserem heutigen Kulturkreis als unhygienisch gilt, wird ihnen das schon in den ersten Lebenswochen abgewöhnt.

Richtig ist Antwort a)

Ein Mensch, der eine »Katzenwäsche« macht, gilt als dreckig. Dabei sind Katzen sehr saubere Tiere. Zu ihrer täglichen Fellpflege gehören zum Beispiel Sonnen- und Staubbäder, um die Parasiten aus dem Fell zu vertreiben. Anschließend holen sie ganz hartnäckiges Kleinvieh mit den Pfoten heraus und striegeln das Fell regelrecht mithilfe von Zunge und Spucke. Außerdem halten sie mit den Vorderpfoten und den Krallen sogar ihre Zähne sauber, was für ein Raubtier natürlich besonders wichtig ist.

Wahrscheinlich kommt der Ausdruck der »Katzenwäsche« bei Menschen daher, dass Katzen sehr wasserscheue Tiere sind. Sie stammen nämlich von den Steppenkatzen ab, in deren Heimat Wasser eher Mangelware ist. Und da für den Menschen Reinlichkeit immer mit Wasser zu tun hat, gilt ein Tier, das den Kontakt mit Wasser scheut, als unsauber.

Warum tritt man »ins Fettnäpfchen«?

a) Der Spruch »ins Fettnäpfchen treten« entstand, als die ersten Astronauten ins All geschickt wurden. Damals glaubte man noch, dass eine dicke Fettschicht sie vor den Gefahren des Alls schützen würde, und schmierte die Astronauten ein. Diese Annahme war falsch! Der »Fettnapf« steht also für »Irrtum« – wer in ein Fettnäpfchen tritt, hat Unrecht.

b) Wer »ins Fettnäpfchen getreten ist«, hat sich auf irgendeine Weise ungut verhalten und sich den Unmut eines Mitmenschen zugezogen. Früher stellten die Hausfrauen einen Fettnapf an die Haustür, damit sich die Heimkehrer gleich ihre Schuhe säubern und einfetten konnten. Auf diese Weise blieb die Wohnung sauber. Wer ins Fettnäpfchen hineintrat, bekam Ärger.

c) In der Bibel steht geschrieben, dass Fett neben Luft und Wasser das wertvollste Gut der Erde sei. Das berichtete Jesus, als einer seiner Jünger gegen einen Fettnapf stieß, dieser umfiel und das Fett die Marktgasse hinunterfloss. Seither steht die Redensart »in ein Fettnäpfchen treten« für »Geld rausschmeißen«, »achtlos handeln«, »im Überfluss leben«.

Richtig ist Antwort b)

Wer kennt das nicht: Du sagst oder tust unüberlegt etwas Dummes oder Verletzendes, und schon entsteht eine peinliche Situation und der Betroffene ist eventuell sauer oder zumindest ein wenig verärgert. In solch einer Situation heißt es sprichwörtlich, dass du in ein Fettnäpfchen getreten bist. Und das hat einen ganz bestimmten Grund:

Im Mittelalter stellte die Hausfrau nämlich einen Fettnapf zwischen die Haustür und den Ofen. Damit der gesäuberte Boden auch sauber blieb, sollten die Heimkehrenden darin ihre nassen Stiefel säubern und sogleich schmieren. Wer nun aber durch Unachtsamkeit oder Tollpatschigkeit das Fettnäpfchen umkippte, sodass sich das Fett auf der ganzen Diele verteilte, bekam Ärger mit der Hausfrau. Daher steht der Fettnapf heute noch immer sprichwörtlich für Situationen, in denen man es sich mit jemandem verscherzt.

Geld stinkt nicht – oder doch?

a) Angeblich soll ein Kaiser im 1. Jahrhundert nach Christus von seinem Volk Geld für die öffentlichen Toiletten kassiert haben. Sein Sohn beschwerte sich darüber. Da hielt ihm der Kaiser die Einnahmen unter die Nase und fragte: »Und? Stinkt es?« Der Sohn verneinte und die Redensart war geboren.

b) Früher gab es unterschiedliche Zahlungsmittel: Salz, Muscheln, Edelsteine, Felle ... und natürlich wurden auch Nahrungsmittel zum Tausch angeboten. Die wurden aber nur akzeptiert, wenn sie noch nicht stanken, denn das hätte bedeutet, dass sie verdorben waren. So entstand die Redensart: »Geld stinkt nicht.«

c) Kaiser Nero war so stinkreich, dass er sich mit Geld angeblich den Po abwischte. Als er sich eines Tages einen neuen Mantel kaufen wollte, soll der Schneider beim Geruch der Geldscheine gerufen haben: »Pfui, das stinkt! Das nehme ich nicht an.« Seither wird oft bei einem Kauf betont, dass Geld nicht stinkt.

Richtig ist Antwort a)

Die Redensart »Geld stinkt nicht« wird vor allem dann benutzt, wenn die Quelle des Geldes nicht ganz klar ist. Eigentlich will man damit nur ausdrücken: Geld ist Geld, ganz egal, woher es kommt. Dazu gibt es folgende Geschichte:

Der römische Kaiser Vespasian herrschte von 69 bis 79 nach Christus. Er soll eine rigorose Sparpolitik eingeführt haben, weil die Staatskassen leer waren. Unter anderem führte er Eintrittsgelder für die öffentlichen Bedürfnisanstalten ein. Heute ist das fast überall üblich, damals aber kannte man die Zahlpflicht für die Verrichtung der Notdurft noch nicht. So beschwerte sich sein Sohn Titus darüber. Doch Vespasian soll ihm die Geldeinnahmen unter die Nase gehalten und gefragt haben: »Und? Stinkt das Geld?« Titus musste natürlich verneinen.

Warum legt man für jemanden »die Hand ins Feuer«?

a) Wer sagt: »Für dich lege ich meine Hand ins Feuer«, macht dem Gegenüber eine große Liebeserklärung. Als es nämlich noch keinen Grillrost gab und man die Würstchen mit einem Stock über das Feuer hielt, fiehlen sie oftmals in die Glut. Nur wahre Verliebte holten sie für den Liebsten oder die Liebste wieder heraus.

b) Wer betont, für jemanden »die Hand ins Feuer zu legen«, will damit sagen, dass er denjenigen so sehr verabscheut, dass er lieber mit einer verbrannten Hand als in dessen Nähe leben möchte.

c) »Für jemanden die Hand ins Feuer legen« heißt, jemanden zu schätzen und für ihn zu bürgen. Der Spruch stammt aus dem Mittelalter, als Angeklagte tatsächlich ihre Hand ins Feuer halten mussten. Je nachdem, wie gut oder schlecht die Verbrennungen heilten, las das Gericht den Grad ihrer Schuld ab.

Richtig ist Antwort c)

»Für jemanden die Hand ins Feuer legen« nimmt natürlich kein Mensch wörtlich – wozu auch, heraus käme schließlich nur eine verbrannte Hand, mehr nicht.

Wer das sagt, will lediglich zum Ausdruck bringen, dass er demjenigen, für den er die Hand ins Feuer legen würde, blind vertraut und nur Gutes über ihn weiß.

Doch damals, als die Redewendung entstand, haben die Menschen sie sehr wörtlich genommen. Im Mittelalter mussten die Angeklagten vor Gericht tatsächlich eine Hand ins offene Feuer halten. Die Wunden wurden daraufhin sofort verbunden. Als unschuldig galten diejenigen, deren verbrannte Hand schnell wieder verheilte. Diese Art der »Beweisführung« wurde »Feuerurteil« oder auch »Gottesurteil« genannt, weil Gott angeblich derjenige war, der anhand der Wundheilung den Grad der Schuld aufzeigte.

Was heißt: »wie Phönix aus der Asche«?

a) Von Menschen, zu denen man »wie Phönix aus der Asche« sagt, sollte man sich besser nicht frisieren lassen. Es gab nämlich im alten Gallien einen Friseur namens Phönix. Er behandelte einst das Haar von Kaiserin Kleopatra mit Asche und fönte es. Die Kaiserin war so empört über ihr Aussehen, dass sie Phönix als Strafe die Asche essen ließ.

b) Wer »wie Phönix aus der Asche« steigt, wird wieder aktiv, nachdem er eine Weile untätig war. Die Redensart bedient sich eines alten Fabelwesens: Phönix, ein prächtiger Vogel, verbrennt alle 500 Jahre, um dann aus der Asche wieder neu zu entstehen.

c) »Phönix« ist der lateinische Ausdruck für »Floh«. Wenn Holz verbrannt wird, bleibt Asche übrig – und außerdem so mancher Floh, der im Holz gelebt und die Hitze überstanden hat. »Wie Phönix aus der Asche« sagt man also zu jemandem, der eine Gefahr unbeschadet überstanden hat.

Richtig ist Antwort b)

Harry-Potter-Fans wissen natürlich bereits, was ein Phönix ist, für all die anderen soll es hier erklärt werden:

Ein Phönix ist ein Vogel, so groß wie ein Adler und mit einem prächtigen Gefieder. Von den alten Ägyptern weiß man, dass der Phönix für sie ein Symbol für den Sonnengott war. Und bei den Christen wurde er zu einem Bild für die Auferstehung nach dem Tod. Denn der Phönix, so erzählt man sich, hat eine ganz besondere Fähigkeit: Alle 500 Jahre sammelt er die Sonnenstrahlen so lange, bis er selber lichterloh in Flammen steht und mitsamt seinem Nest verbrennt. Nach drei Tagen wächst aus der Asche ein kleiner Wurm, der sich schließlich wieder in den prächtigen Vogel verwandelt – für die nächsten 500 Jahre.

In Wirklichkeit gab es natürlich nie eine solch außergewöhnliche Vogelart. Der Phönix ist lediglich ein Fabelwesen. Wenn heute ein Mensch »wie Phönix aus der Asche steigt«, heißt das, dass er wieder in die Öffentlichkeit tritt, nachdem er lange in der Versenkung verschwunden war. Ein Musiker zum Beispiel, der früher berühmt war und nach einer Pause wieder erfolgreich auftritt, steigt »wie Phönix aus der Asche«.

Warum nennt man den Kaiserschnitt Kaiserschnitt?

a) Wenn früher eine Kaiserin ihr erstes Kind erwartete, wurde es immer per Kaiserschnitt geholt. Denn bei dem Nachwuchs handelte es sich um den nächsten Kaiser, falls es ein Junge war. Ein Kaiserschnitt bedeutete für den wichtigen Nachwuchs weniger Risiken als eine natürliche Geburt.

b) Ein Arzt, der im ausgehenden 19. Jahrhundert in Göttingen die Geburtenstation der Frauenklinik leitete, führte am 6. April 1881 weltweit zum ersten Mal einen Kaiserschnitt durch. Eine Schwangere drohte an der Geburt des Kindes zu sterben, weil ihr Geburtskanal zu eng war. Die Operation glückte. Der Name des Arztes war Alwin Kaiser.

c) Angeblich soll der römische Kaiser Julius Cäsar per Kaiserschnitt zur Welt gekommen sein. »Caedare« ist lateinisch und heißt auf Deutsch »herausschneiden«. Seither wird dieser Eingriff Kaiserschnitt genannt.

Richtig ist Antwort c)

Der Kaiserschnitt hat seinen Namen von Gaius Julius Cäsar, welcher der Legende nach aus dem Bauch seiner Mutter herausgeschnitten werden musste. So steht es zumindest in den Aufzeichnungen des Schriftstellers Plinius geschrieben.

Auf Lateinisch heißt herausschneiden »caedare«. Angeblich soll Gaius Julius auch auf diese Weise zu seinem Beinamen »Caesar« gekommen sein. Und die Deutschen haben im Laufe der Jahrhunderte aus »Caesar« »Kaiser« gemacht.

Selbst wenn Plinius mit dieser Behauptung nicht Recht gehabt haben sollte, so verdankt der Kaiserschnitt seinen Namen zumindest der Fantasie dieses altrömischen Schriftstellers.

Im Englischen heißt der Eingriff übrigens heute noch »Caesarian section«.

Warum sagt man, dass man »Kohldampf« hat?

a) Die Mönche im Mittelalter bekamen viermal wöchentlich ein Kohlgericht, denn Kohl galt als beruhigend. Allein schon beim Geruch des Kohldampfes verspürten die Mönche Hunger, so entstand der Begriff »Kohldampf« für »Hunger«.

b) »Ich habe Kohldampf« bedeutet »Ich habe Hunger«. Ursprünglich handelte es sich um einen medizinischen Begriff. Wer Blähungen hat, leidet unter so genannten »Kohldampfkoliken«. Die Mediziner verwendeten diesen Begriff, weil Kohl bekanntlich Blähungen, also »Dampf aus dem Po« verursacht. Warum allerdings der Begriff »Kohldampf« später für Hunger verwendet wurde, ist unbekannt.

c) Der Begriff »Kohldampf« stammt von armen Kleinkriminellen ab, die sich zum Ende des Mittelalters eine eigene Sprache zulegten, das so genannte »Rotwelsch«. Übersetzt bedeutet »Kohldampf«: »Hunger Hunger«, also die Verdoppelung von Hunger, womit sie nichts anderes als »sehr großen Hunger« meinten. Und den verspürten sie sicher oft.

Richtig ist Antwort c)

»Kohldampf« bedeutet Hunger. Das Wort lässt zwar an dampfenden Kohl denken oder vielleicht auch an Blähungen nach dem Genuss von Kohl, hat aber mit diesem Gemüse überhaupt nichts zu tun.

Der Begriff »Kohldampf« stammt aus dem »Rotwelsch«, der so genannten Gaunersprache, einer im Ausgang des Mittelalters in fast allen europäischen Ländern nachweisbaren Sondersprache der untersten Sozialschichten.

Der rotwelsche Begriff »Kohler« bedeutete »Hunger«, ebenso wie der Begriff »Dampf«. Bei dem Wort »Kohldampf« handelt es sich also um die Verdopplung »Hunger Hunger«, also um wirklich sehr, sehr großen Hunger.

Und das ist auch verständlich, denn Rotwelsch wurde ausschließlich von Kleinkriminellen, wandernden Handwerksburschen und schlecht besoldeten Soldaten benutzt, die viel Hunger leiden mussten.

Findet ein blindes Huhn auch mal ein Korn?

a) Die Redensart wird für Menschen verwendet, die etwas dusselig sind, aber trotzdem hin und wieder Erfolg haben. Und das hat viel mit Hühnern zu tun. Sie sind zwar nicht dusselig, dafür aber blind, picken wild auf dem Boden herum und treffen nur selten etwas Essbares, aber gerade oft genug, um nicht zu verhungern.

b) Hühner sind nicht blind, aber ihre Küken sind äußerst unbeholfen. Sie picken auf alles, was glänzt. Dabei erwischen sie selten etwas Essbares. Sie haben es also in ihren ersten Tagen mit der Nahrungssuche ziemlich schwer, daher die Redensart.

c) Es gibt ein Märchen von Hans Christian Andersen, darin geht es um ein blindes Huhn, das trotz seiner Behinderung das fleißigste Huhn am Bauernhof ist. Es legt nicht nur täglich drei Eier, sondern hilft dem Bauern sogar bei der Ernte. Zur Belohnung versteckt der Bauer an Ostern ganz viele Körner für das Huhn. Und immer wenn es eines findet, ruft die Hühnerschar neidisch: »Ein blindes Huhn findet auch mal ein Korn!«

Richtig ist Antwort b)

Die Redensart vom blinden Huhn, das auch mal ein Korn findet, verwenden wir, wenn einem eher erfolglosen Menschen einmal etwas gelungen ist.

Und die Redewendung passt recht gut, denn ein blindes Huhn ist tatsächlich äußerst unbeholfen. Verbindet man einem Huhn nämlich die Augen (was Wissenschaftler wirklich getan haben!), pickt es gar nichts mehr vom Boden auf, selbst wenn es hungrig ist.

Es ist sowieso recht kompliziert für ein Huhn, sich die Fertigkeit der Nahrungssuche anzueignen. Da Hühnerküken Nestflüchter sind, können sie loslaufen, sobald sie aus dem Ei geschlüpft sind. Allerdings hat das Küken zunächst keine Ahnung, womit es Durst und Hunger löschen könnte. So pickt es schlicht und ergreifend auf alles, was glänzt.

Ein Wissenschaftler schlug mal einen Nagel in ein Brett und die hungrigen Küken verwechselten den Nagelkopf mit Futterkörnchen und pickten nach ihm – dabei trafen sie allerdings äußerst selten. Ein Menschenbaby würde sich aber mindestens genauso »dumm anstellen«, wenn es mit einem Hammer einen Nagel treffen müsste.

Warum steckt man »den Kopf in den Sand«?

a) Wer »den Kopf in den Sand steckt«, ist ein Feigling, weil er den Problemen aus dem Weg geht, so meint es die Redensart. Und so wurde es tatsächlich im vorchristlichen Orient auch gehandhabt. Feiglingen wurde der Kopf so lange in den Sand gesteckt, bis sie keine Luft mehr bekamen und durch Zeichensprache Besserung gelobten.

b) Die Redensart haben wir aus der Welt des Straußenvogels entnommen. Allerdings haben wir scheinbar nicht richtig hingeschaut, denn der Strauß legt seinen Kopf bei Gefahr lediglich auf und nicht in den Sand.

c) Die südafrikanischen Steppenhörnchen stecken ihre Köpfe in den Sand, um mit ihren Zungen unterirdisch lebende Würmer rauszuschlecken. Dabei erwischen sie alles, was dort unten so rumkrabbelt. Daher sagt man zu Menschen, die vor Hunger unerträglich werden und anfangen, alles in sich hineinzustopfen: »Steck den Kopf nicht in den Sand.«

Richtig ist Antwort b)

»Steck den Kopf nicht in den Sand«, sagt man zu einem Menschen, der ein Problem oder eine Gefahr nicht wahrhaben will, sondern einfach ignoriert. Da aber wahrscheinlich noch nie ein Mensch freiwillig seinen Kopf in den Sand gesteckt hat und es sowieso unklar ist, wie das funktionieren soll, bleibt die Frage, wie es zu diesem Sprichwort kam.

Es hat seinen Ursprung beim Strauß, der mit seiner Körperhöhe von drei Metern und dem Gewicht von 150 Kilogramm der größte Vogel unserer Zeit ist. Mit diesem Körpergewicht kann er natürlich nicht fliegen. Aber dafür ist er schnell zu Fuß: Mit bis zu 70 Stundenkilometern läuft er den meisten seiner Feinde problemlos davon.

Sobald der Strauß Gefahr wittert, legt er sich flach mit ausgebreiteten Flügeln und lang ausgestrecktem Hals über sein Nest, um die Eier zu schützen. Durch die Tarnfarbe seiner Federn wird er im Glücksfall mit Holz oder Gestrüpp verwechselt.

Der Strauß steckt seinen Kopf also nach unten, weil er ihn flach auf den Boden legt, er steckt ihn jedoch nie in den Sand. Das haben die Menschen ihm nur angedichtet, um für die Feiglinge unter ihnen eine nette Redensart zu basteln.

Woher kommt es, dass man jemandem »einen Korb gibt«?

a) Im Mittelalter haben die Damen ihre Verehrer mit einem Korb an der Hauswand entlang zu sich ins Zimmer gezogen. War die Dame allerdings nicht interessiert an dem verliebten Herrn, schickte sie ihm einen brüchigen Korb, durch den der Arme dann auf den harten Boden fiel. Wenn heute jemand »einen Korb bekommt«, bedeutet das eine Absage.

b) »Jemandem einen Korb geben« ist eine alte Tradition aus Japan. Wenn ein Mann heiraten möchte, bringt er der Auserwählten einen Korb voller Geschenke. Die Frau hat eine Woche Bedenkzeit. Lässt sie den leeren Korb von einem Boten zurückbringen, lehnt sie den Antrag ab, behält allerdings die Geschenke. Will sie ihm das »Ja-Wort« überbringen, geht sie selbst zu ihm – ohne Korb. »Einen Korb (zurück)geben« heißt also »eine Absage erteilen«.

c) Bei den Griechen hatte das Korbgeben einen tatsächlichen Hintergrund: Sie sammelten Müll in speziellen Körben. Stellte einer einem anderen einen gefüllten Müllkorb vor die Tür, war das ein Zeichen tiefer Abneigung – denn die Griechen liebten klare Verhältnisse.

Richtig ist Antwort a)

Wer jemandem »einen Korb gibt«, erteilt ihm eine Abfuhr. Die Redensart wird mittlerweile bei verschiedenen Gelegenheiten angewendet. So erteilt man zum Beispiel einen Korb, wenn man einer Einladung nicht nachkommt. Meistens wird die Redensart jedoch in Sachen Liebe verwendet, denn daher stammt sie ursprünglich.

Und zwar hatte sie früher eine ausgesprochen konkrete Bedeutung:

Im Mittelalter war es durchaus üblich, dass Liebhaber in einem Korb von der Angebeteten (unterstützt durch ihre Dienerschaft) zu ihrem Fenster hinaufgezogen wurden. War das Fräulein dem Liebhaber jedoch nicht geneigt, soll es vorgekommen sein, dass sie einen Korb mit einem brüchigen Boden hinunterließ. So kam es, dass der verliebte Freier durch den Korb auf den Boden zurückfiel und auf diese Weise die Abneigung seiner Liebsten äußerst schmerzhaft zu spüren bekam.

In späteren Zeiten gingen die Frauen dann dazu über, unerwünschten Freiern nur noch symbolisch einen Korb ohne Boden zu überreichen.

Warum sagt man: »Ich glaub, mich laust ein Affe«?

a) König Hannibal war ein Mensch mit sehr starkem Haarwuchs auf dem ganzen Körper. Als er mit seiner Armee die Alpen überquerte, sollen ihn angeblich wild lebende Affen entlaust haben. Beim Anblick dieser Prozedur riefen seine Soldaten laut: »Ich glaub, mich laust ein Affe!« Seither verwendet man diesen Satz als Ausdruck großen Erstaunens.

b) Die Redensart wird gerne bei starkem Wohl- und Glücksgefühl geäußert. Der Grund: Wenn sich Affen lausen, ist das ein großer Freundschaftsbeweis und hat viel mit Zärtlichkeit zu tun. Und wir Menschen stammen ja von den Affen ab. Aus dieser Zeit stammt die Redensart und gilt daher als die älteste der Welt.

c) Früher konnte es auf dem Jahrmarkt schon mal passieren, dass einem plötzlich ein Affe auf die Schulter sprang und anfing zu lausen, also in den Haaren zu wühlen. Denn damals verdiente sich so manch einer sein Geld mit der Dressur von Affen, die dann ihre Kunststücke auf Märkten zeigten. Aus dieser Zeit stammt der Satz »Ich glaub, mich laust ein Affe«, der heute ein Ausdruck für großes und plötzlich auftretendes Erstaunen ist.

Richtig ist Antwort c)

Früher gab es auf Jahrmärkten dressierte Tiere zu sehen – unter anderem Affen, die kleine Kunststückchen vorführten. Da konnte es schon einmal passieren, dass so ein Affe in einem unbeobachteten Moment einem Zuschauer auf die Schulter sprang. Und wenn er dann auch noch anfing, im Haar des Menschen nach Läusen zu suchen, war die Verblüffung natürlich groß.

Auf diese Weise soll die Redensart »Ich glaub, mich laust ein Affe« entstanden sein. Heute wird sie vor allem dann verwendet, wenn man etwas Verrücktes oder Überraschendes erlebt, wie zum Beispiel, wenn einem plötzlich ein Affe auf die Schulter springt.

Unter Affen ist das Lausen übrigens völlig normal. Da sie bei ihrer Körperpflege nicht alle Stellen erreichen, helfen sie sich netterweise gegenseitig. Wissenschaftler fanden heraus, dass die gegenseitige Fellpflege nicht nur der Entlausung dient, sondern auch ein Freundschaftsbeweis ist. Durch das gegenseitige Lausen streiten sich die Tiere tatsächlich weniger. Schade, dass die Menschen mit den Jahrtausenden ihr Fell verloren haben ...

Warum halten wir »die Ohren steif«?

a) Wer sagt: »Halt die Ohren steif«, will jemandem Mut und Durchhaltevermögen zusprechen. Die Redensart ist der »Ohrensprache« aus der Tierwelt entnommen, denn aufrechte, steife Ohren bedeuten Wachsamkeit, hängende Ohren dagegen völlige Schlaffheit.

b) Ein steifer Ohrenverband war die einzige Methode, der Pest zu entkommen. Die Pest war eine Seuche im Mittelalter, die ein Drittel der europäischen Bevölkerung auslöschte. Sie wurde durch die Ohrenöffnungen übertragen. Wer also seine Ohren ganz steif mit Mullbinden verband, hatte größere Überlebenschancen. Daher der Ausruf: »Halt die Ohren steif!«

c) In den Feldzügen des Altertums galt diejenige Armee als besonders stark, welche die meisten gegnerischen Ohren nach Hause brachte. Daher trainierten junge Ritter besonders ihre Ohrmuskeln, denn nur wer die Ohren gut anlegen konnte, verlor sie bei der Schlacht nicht. Der regelmäßige Ausruf des Heerführers: »Haltet die Ohren steif!«, erinnerte die Ritter auch im ärgsten Gefecht immer wieder an das Anlegen der Ohren.

Richtig ist Antwort a)

Den Ausdruck »Halt die Ohren steif« haben wir der Tierwelt abgeguckt. Denn dort haben die Stellungen der Ohren oft eine wichtige Bedeutung: Aufrechte, steife und gespitzte Ohren zeugen zum Beispiel von erhöhter Aufmerksamkeit, entspannte Ohren dagegen zeigen, dass das Tier im Moment keine Gefahr wittert und sich im wahrsten Sinne des Wortes »hängen lässt«. Vor allem Haustiere, wie manche Hunderassen oder Schlappohrhasen, haben oft ausgeprägte Hängeohren.

Während Tiere mit aufrechten, steifen Ohren als besonders wach, munter und gesund gelten, deuten hängende Ohren eher auf das Gegenteil hin.

Obwohl wir Menschen das alles gar nicht können, weil unsere Ohren viel zu klein sind und wir sie vor allem wegen der verkümmerten Muskeln kaum bewegen können, haben wir das Verhalten der Tiere in unsere Sprache übernommen. Wenn man zu einem Menschen sagt: »Halt die Ohren steif«, will man ihm Mut und Durchhaltevermögen für ein Problem zusprechen. Mit anderen Worten: »Geh aufrecht und wach der Lösung entgegen.«

Woher kommt der Begriff »Rabeneltern«?

a) Es ist völlig unklar, warum Rabeneltern so einen schlechten Ruf haben, denn Raben sind ausgesprochen fürsorgliche Eltern.

b) Raben sind so gut wie ausgestorben. Der Grund ihres Geburtenrückgangs ist nicht etwa der Mensch mit seinem verantwortungslosen Umgang mit der Umwelt, sondern die Tatsache, dass Rabeneltern ihre Kinder im Stich lassen und nicht versorgen. So müssen die geschlüpften Küken sterben und mit ihnen langsam ihre gesamte Rasse. Daher werden wenig fürsorgliche Menscheneltern oftmals als »Rabeneltern« beschimpft.

c) In einem Märchen von den Gebrüdern Grimm gibt es ein Rabenpaar, das sich nicht um die geschlüpften Küken kümmert, sondern lieber Geschäfte mit den Krähen macht. Es ist allerdings ungerecht, dass seither alle nicht fürsorglichen Eltern als »Rabeneltern« beschimpft werden, denn in dem Märchen handelt es sich in Wirklichkeit nicht um Raben, sondern um ein Königspaar, dass aufgrund seiner Habgier von einer Fee in Raben verwandelt worden war.

Richtig ist Antwort a)

Rabeneltern kann man jedem Kind wünschen, zumindest wenn man den Begriff wörtlich und nicht sprichwörtlich nimmt. Richtige Rabeneltern sind nämlich ausgesprochen fürsorgliche Eltern.

Sobald das Nest gebaut und die Eier gelegt sind, verteidigen Rabenpapa und Rabenmama ihre Brut mit heftigen Angriffen gegen Nesträuber. Wenn die Küken geschlüpft sind, kümmern sich die Rabeneltern rund um die Uhr um Nahrung und die Sauberkeit des Nestes. Damit die Kleinen zum Beispiel nicht in ihrem Kot sitzen müssen, fressen ihn die Rabeneltern vierzehn Tage lang auf. Eine derartige Aufopferung ist bei den Menscheneltern nicht bekannt!

Und auch sonst zeigen die Raben jede wünschenswerte Fürsorge: Bei Kälte werden die Küken mit dem Nestmaterial wie mit einer Wolldecke zugedeckt. Und wenn es zu heiß wird, lockern die Eltern das Gerüst aus Ästen mit ihrem Schnabel ein bisschen auf.

Es wäre also äußerst wünschenswert, wenn alle Menscheneltern so fürsorglich mit ihren Kindern umgehen würden wie Rabeneltern.

Verlassen die Ratten das sinkende Schiff?

a) Bei diesem Spruch handelt es sich nicht um ein Sprichwort, sondern um eine Therapieform. Sie trägt diesen eigenartigen Namen, weil in der Therapie Menschen zusammen mit Ratten in einen Schiffsrumpf gesperrt werden, der sich langsam mit Wasser füllt. Es gilt, so spät wie möglich um Hilfe zu rufen. Damit möchte man äußerst ängstlichen Menschen helfen, ihren Alltag besser zu bewältigen.

b) Die Redensart wird verwendet, sobald jemand etwas oder jemanden verlässt, weil er dort ein Unglück wittert – eben genau wie Ratten, die auf einem Schiff leben. Sie verlassen es, sobald es leck ist. Denn Ratten hassen Nässe – so wie die Menschen Unglücke!

c) Ratten können vorhersehen, daher verlassen sie ein sinkendes Schiff, bevor es überhaupt ein Leck hat. Sie wittern das Unglück schon im Voraus. Daher werden Menschen, die in die Zukunft blicken können, als Ratten bezeichnet, die das Schiff verlassen.

Richtig ist Antwort b)

Die Redensart »Die Ratten verlassen das sinkende Schiff« wird verwendet, wenn jemand einen Menschen, der in Not ist, oder auch eine Sache wie zum Beispiel eine Firma, die kurz vor dem Zusammenbruch steht, im Stich lässt. Die Redensart mit den Ratten passt daher gut, weil Ratten das Schiff verlassen, sobald es in Not gerät.

Schiffsleute nahmen das Verhalten der Ratten immer sehr ernst. Denn verließen sie ein Schiff noch im Hafen, hieß das oft, dass es sich um ein seeuntüchtiges Schiff handelte, das die nächste Reise eventuell nicht überstehen würde. Checkte der Schiffsbauer sein Schiff daraufhin noch einmal gründlich durch, konnte er sich oftmals ein Unglück ersparen.

Dass die Ratten aus purem Selbsterhaltungstrieb ein leckes Boot verlassen, ist verständlich. Wenn aber ein Mensch einen anderen Menschen im Stich lässt, der sich in einer Notsituation befindet, ist das meist weniger verständlich – oder anders ausgedrückt: ganz schön fies!

Warum sehen wir rot?

a) Rot ist die Farbe der Liebe! Wer verliebt ist, sieht die Welt durch eine rosarote Brille. Dadurch erscheint sie ihm viel schöner, glücklicher, roter. Wer also sagt: »Ich sehe rot«, teilt sein Verliebtsein mit.

b) Wenn jemand wütend wird, vermehren sich die roten Blutkörperchen – und zwar, weil bei Wut der Kreislauf mächtig in Gang kommt und die roten Blutkörperchen das Blut flüssiger machen. Versuch es selber: Wenn du deine Augen bei Wut schließt, wird dir auffallen, dass deine Augenlider feuerrot scheinen. Daher die Redensart.

c) Die Toreros in den spanischen Stierkampfarenen benutzen rote Tücher, um die Stiere wütend zu machen. Das gelingt ihnen auch in den meisten Fällen. Der Stier sieht also rot und wird wütend, daher die Redensart, die wir auf die menschliche Wut übertragen haben.

Richtig ist Antwort c)

Um einen Menschen, der gerade »rot sieht«, sollte man am besten einen großen Bogen machen, denn diese Redensart bedeutet, dass er ziemlich wütend ist.

Der Ausdruck kommt wahrscheinlich vom spanischen Stierkampf, denn dort benutzen die Toreros rote Tücher, um die Stiere zu provozieren, damit sie wild und angriffslustig werden.

Wissenschaftler haben allerdings festgestellt, dass Stiere farbenblind sind. Es ist also völlig egal, mit was für einem Tuch der Torero in der spanischen Stierkampfarena den Stier reizt. Ob schwarz, blau, gelb oder rot – den Stier macht das Gefummel immer wütend, unabhängig von der Farbe. Da sich aber nun mal die Farbe Rot in der Tradition des Stierkampfes durchgesetzt hat, verbindet man mit dieser Farbe auch die sprichwörtliche Wut.

Ist alles in Butter?

a) Als es noch kein Geld gab, zahlte man unter anderem mit Nahrungsmitteln, wie zum Beispiel Tee oder Salz. Butter war ein besonders begehrtes Zahlungsmittel, denn sie war schwer herzustellen. So bürgerte sich die Redewendung »alles in Butter« ein, wenn sich Geschäftsleute nach einem erfolgreichen Geschäftsgespräch die Hände schüttelten.

b) »Alles in Butter« ist ein anderer Ausdruck für »dumm gelaufen«. Piraten des 17. Jahrhunderts verbreiteten diese Redensart, weil Kapitän Störtebeker angeblich einst ein Schiff voller Butter enterte, obwohl er eigentlich Gold stehlen wollte.

c) »Alles in Butter« ist ein Ausdruck dafür, dass alles bestens läuft. Die Redensart stammt aus dem Mittelalter. Wenn man damals Gläser transportierte, füllte man Butter in Fässer und legte die Gläser dazu. Wurde die Butter fest, zerbrachen die Gläser nicht, egal wie holprig der Weg war.

Richtig ist Antwort c)

»Alles im Lot auf'm Boot, alles in Butter auf'm Kutter ...« Der Anfangssong von Käpt'n Blaubär ist ein wahrer Ohrwurm. Und es sind viele Worte für das, was er aussagen will, nämlich einfach nur: »Alles bestens!«

Jetzt fragt man sich, was so eine positive Wohlfühlaussage mit Butter zu tun haben könnte.

Der Ursprung der Redensart liegt im Mittelalter. Wenn man damals Gläser von einem Ort zum anderen transportieren musste, gingen sie häufig zu Bruch, denn so ein Pferde- oder Ochsengespann fuhr ganz schön holprig über die löchrigen Wege, da kullerten schon mal die Gläser vom Anhänger.

Doch dann hatten die Fuhrleute die entscheidende Idee: Sie gossen heiße, flüssige Butter in Fässer und legten die Gläser dazu. Wurde die Butter fest, hielt sie die Gläser an Ort und Stelle und dämpfte die Stöße der Kutsche. Selbst wenn ein Fass vom Wagen fiel, zerbrachen die Gläser nicht, schließlich war ja »alles in Butter«.

Warum machen wir jemanden »zur Schnecke«?

a) Wer »zur Schnecke gemacht« wurde, hat ganz schön viel Kritik oder heftige Anschnauzer abbekommen und wünscht sich daher ein gemütliches Schneckenhaus herbei, in das er sich verkriechen kann.

b) Schnecken hinterlassen auf ihrem Weg eine Schleimspur, denn ihr ganzer Körper ist von einer Schleimschicht umhüllt. Menschen, die sich anderen gegenüber untertänig anbiedern, indem sie übertrieben schmeicheln, werden umgangssprachlich »Schleimer« genannt. Man sagt auch: »Er – also der Schleimer – macht sich zur Schnecke.«

c) Bei Menschen, die schrecklich langsam, also im Schneckentempo durchs Leben gehen, ganz egal in welcher Beziehung, verwendet man gerne den Ausdruck: »Er/Sie macht sich zur Schnecke!«

Richtig ist Antwort a)

»Jemanden zur Schnecke machen« bedeutet, ihn heftig anzuschnauzen und übel zu kritisieren. Und zwar so stark, dass derjenige sich am liebsten verkriechen möchte wie eine Schnecke in ihrem Schneckenhaus. Manche Menschen verkriechen sich sogar den größten Teil ihres Lebens, weil sie kontaktscheu sind.

Für eine Schnecke allerdings ist das Schneckenhaus geradezu lebensnotwendig. Ein schneller Rückzug bei Gefahr in das Gehäuse ist oft die letzte Rettung. Das Schneckenhaus bietet der Schnecke auch Schutz vor dem Austrocknen des empfindlichen Schneckenkörpers. Und im Winter hält die Kalkschale natürlich warm.

Wieso legen wir »einen Zahn zu«?

a) Die Zahnradbahn zur Zugspitze sollte ursprünglich nur bis zur Mittelstation gebaut werden. Doch der Ingenieur soll Jahr für Jahr gesagt haben: »Sollen wir noch einen Zahn zulegen?« Und so kam es, dass die Zugspitzbahn heute fast bis zum Gipfel führt. Die Redewendung steht heute für: mehr, schneller, weiter, höher.

b) »Einen Zahn zulegen« bedeutet: schneller werden. Früher hängte man die Töpfe an einer Kette über die Feuerstelle. Mithilfe von Eisenzähnen konnte man die Höhe der Töpfe regulieren. Legte man einen Zahn zu, hängte man den Topf ein bisschen tiefer, und so wurde das Essen schneller fertig.

c) Früher konnten sich nur die Reichen einen Zahnarzt leisten. Daher fielen den Menschen aus dem gemeinen Volk sehr früh die Zähne aus. »Einen Zahn zulegen« bedeutete »reich werden«, damit man sich endlich Zahnersatz leisten konnte.

Richtig ist Antwort b)

»Einen Zahn zulegen« bedeutet, die Geschwindigkeit zu erhöhen. Was aber hat ein Zahn mit Schnelligkeit zu tun? Früher, als es noch keinen Strom und kein Gas gab, verwendete man Holz oder Kohle zum Kochen. Dazu gab es in der Küche einen offenen Kamin, in dem das Feuer geschürt wurde, über dem dann die Töpfe hingen. Eigens dafür gab es im Schornsteinschacht lange Ketten, an deren Enden Zahnleisten, ähnlich einer Säge, angebracht waren. Je tiefer so ein Topf an der Kette hing, umso schneller köchelten die Speisen darin. Wenn das Essen schnell fertig werden sollte, wurde »ein Zahn zugelegt«: Der Topf wurde niedriger über das Feuer, also einen Zahn an der Kette tiefer gehängt.

Es gibt allerdings auch Quellen, die behaupten, dass sich die Redensart »einen Zahn zulegen« auf alte Fahrzeuge bezieht, bei denen noch mit Handgas gefahren wurde. Der Hebel zum Einstellen der Geschwindigkeit bestand aus einem Zahnkranz, der bei der gewünschten Fahrstufe einrasten musste. Wer »einen Zahn zulegte«, fuhr schneller.

Warum sind wir jemandem »spinnefeind«?

a) Wenn du jemandem »spinnefeind« bist, kannst du ihn absolut nicht ausstehen. Die Redewendung passt äußerst gut, da Spinnen einander tatsächlich nicht sonderlich wertschätzen. Im Gegenteil: Sie fressen sich gegenseitig auf.

b) Wissenschaftler haben herausgefunden, dass Spinnen die größten Feinde der Menschen sind. Und zwar nicht nur die giftigen Spinnen, die mit einem einzigen Biss einen Erwachsenen töten können, sondern auch die gemeine europäische Hausspinne. Größere Mengen ihrer Ausscheidungen können schwere Erkrankungen verursachen.

c) Viele Menschen haben eine so genannte Spinnenphobie. Sobald sie eine Spinne sehen, ekeln sie sich und flüchten. Ähnliche Gefühle entwickeln sie auch beim Anblick von menschlichen Feinden, daher die Wortschöpfung »spinnefeind«.

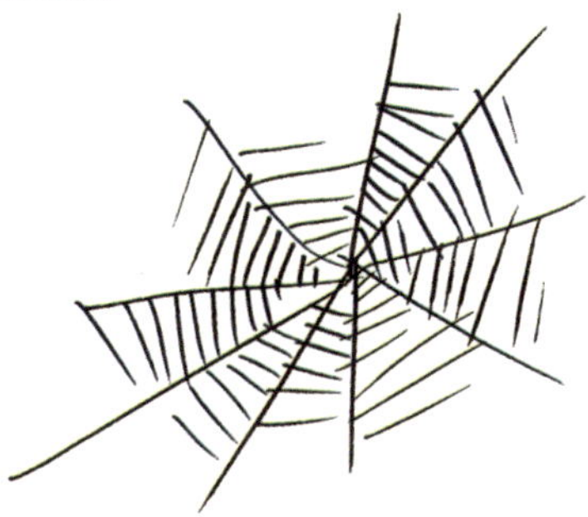

Richtig ist Antwort a)

Wenn du jemanden auf den Tod nicht leiden kannst und mit ihm auch noch richtig viel Ärger hast, bist du ihm »spinnefeind«.

Der Ausdruck hat tatsächlich etwas mit dem Verhalten der Spinnen zu tun. Wenn eine Spinne nämlich hungrig ist, frisst sie alles, was ihr in die Quere kommt, auch ihresgleichen. Der Spinnenmann wird oft gleich nach der Paarung von der Spinnenfrau ausgesaugt. Eltern fressen gerne auch ihre Kinder, und diejenigen, die groß werden, schrecken wiederum nicht zurück, ihre Eltern auszusaugen. Spinnen sind so extreme Einzelgänger, dass sie sich gegenseitig als leckere Beute betrachten.

Von daher ist die Redensart, »sich spinnefeind zu sein«, wenn man sich absolut nicht ausstehen kann, äußerst passend.

Weshalb ist uns alles »schnuppe«?

a) »Schnuppe« hieß ein Krokodil in dem berühmten Bilderbuch »Schni-Schna-Schnuppe« von 1879. Dieses Krokodil war frech und ungehorsam, daher entstand der Ausdruck: »frech wie Schnuppe«. Daraus wurde im Laufe der Jahre »Das ist mir schnuppe«. Gemeint ist: »Lasst mich doch in Ruhe!«

b) Das Wort »schnuppe« kommt von Kerzenschnuppe. So nannte man früher den verkohlten Kerzendocht. Mit: »Das ist mir schnuppe« sagt man also eigentlich: »Das ist so wertlos wie eine Kerzenschnuppe.«

c) »Das ist mir schnuppe« ist Ausdruck von Gleichgültigkeit. Um 1790 stellten Wissenschaftler fest, dass Sternschnuppen keine Engel sind (wie bisher angenommen), sondern Gestein. Man nahm an, dass die Götter es nicht mehr benötigten und wegwarfen.

Richtig ist Antwort b)

Wenn dir etwas gleichgültig ist, hast du viele Möglichkeiten, es zum Ausdruck zu bringen: »Is' mir egal!« oder »Is' mir wurscht!« oder eben »Is' mir schnuppe!«

Diese Redewendung kam Ende des 19. Jahrhunderts in Berlin auf. Damals nannte man das verkohlte Ende eines Kerzendochts »Kerzenschnuppe«. So ein Docht musste früher regelmäßig geputzt werden. Und putzen hieß »snuppen«. Das kam wiederum daher, weil Naseputzen »schnupfen« hieß – und aus »schnupfen« wurde erst »snuppe«, dann »schnuppe«.

Die Zusammensetzung »Sternschnuppe« ist übrigens nicht zufällig entstanden. Früher glaubten die Menschen nämlich, dass es sich bei den glühenden Meteoren um Putzabfälle der Planeten und Sterne handelte.